MW01416699

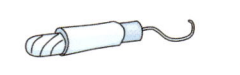

Юлія Ярмоленко
Мар'яна Гілевич

МАЛЕЧІ
про
= інтимні речі =

Харків
«Юнісофт»
2022

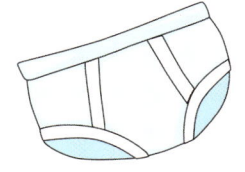

У цій книзі немає секретів від дівчаток чи хлопчиків. Буде чудово, якщо ти прочитаєш усі розділи, навіть якщо це не стосується твого організму. Бо знати, як влаштовані і чоловіки, і жінки, дуже важливо. Ця інформація обов'язково знадобиться тобі пізніше. Якщо ж якийсь розділ видаватиметься нудним — сміливо перегортай сторінки. Можливо, трохи згодом ти повернешся до цієї інформації.

Нумо досліджувати!

Зміст

Як влаштовані статеві органи дівчинки?..4
Як влаштовані статеві органи хлопчика?..8
Ерекція: чому пеніс стає твердим і великим?..............................12
Як правильно доглядати за вульвою?..14
Як правильно доглядати за пенісом?..17
Як правильно ходити в туалет по-великому?...............................20
Як доглядати за анусом?..23
Громадський туалет: правила користування..............................25
Навіщо потрібні прокладки і тампони?..28
Як користуватися засобами гігієни під час менструації?........30
Якими повинні бути трусики?...33
Чому ми прикриваємо статеві органи білизною?......................34
Що треба знати про безпеку й кордони тіла?............................37
Рука допомоги: дорослі, яким ти довіряєш.................................39
Чи шкідливо торкатися статевих органів?..................................40
Звідки беруться діти?..41
Як статеві клітини тата й мами зустрілися?...............................43
Що відбувається під час сексу?...44
Як ростуть груди у дівчат та хлопців?..45

Як влаштовані статеві органи дівчинки?

У дівчинки є зовнішні й внутрішні статеві органи. До внутрішніх належать піхва, матка, маткові труби та яєчники. Ці органи розташовані всередині тіла, і розглянути їх можна тільки за допомогою спеціальних медичних приладів — наприклад, ультразвукового апарата.

У яєчниках дорослої жінки дозрівають яйцеклітини (найчастіше по одній на місяць). Колись усі ми були маминою яйцеклітиною, що з'єдналася зі статевою клітиною нашого тата —

сперматозоїдом (про нього ми розповімо на наступних сторінках), і таким чином з'явилися на світ.

Маткові труби стають місцем зустрічі яйцеклітини зі сперматозоїдом, а також допомагають їй потрапити до матки.

Матка — це орган, у якому росте майбутня дитина. Тут їй тепло, зручно та затишно.

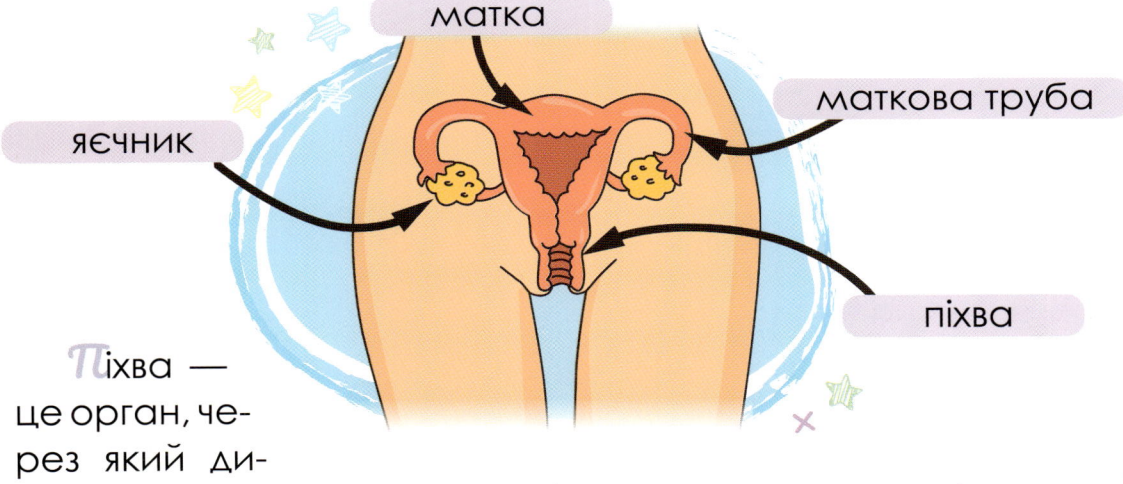

- матка
- маткова труба
- яєчник
- піхва

Піхва — це орган, через який дитина народжується на світ. Піхву ще називають вагіною.

Зовнішні статеві органи мають назву вульва. Це клітор, уретра (сечовипускний канал — місце, звідки ми пісяємо), присінок піхви (тобто вхід у піхву) і статеві губи — великі й малі.

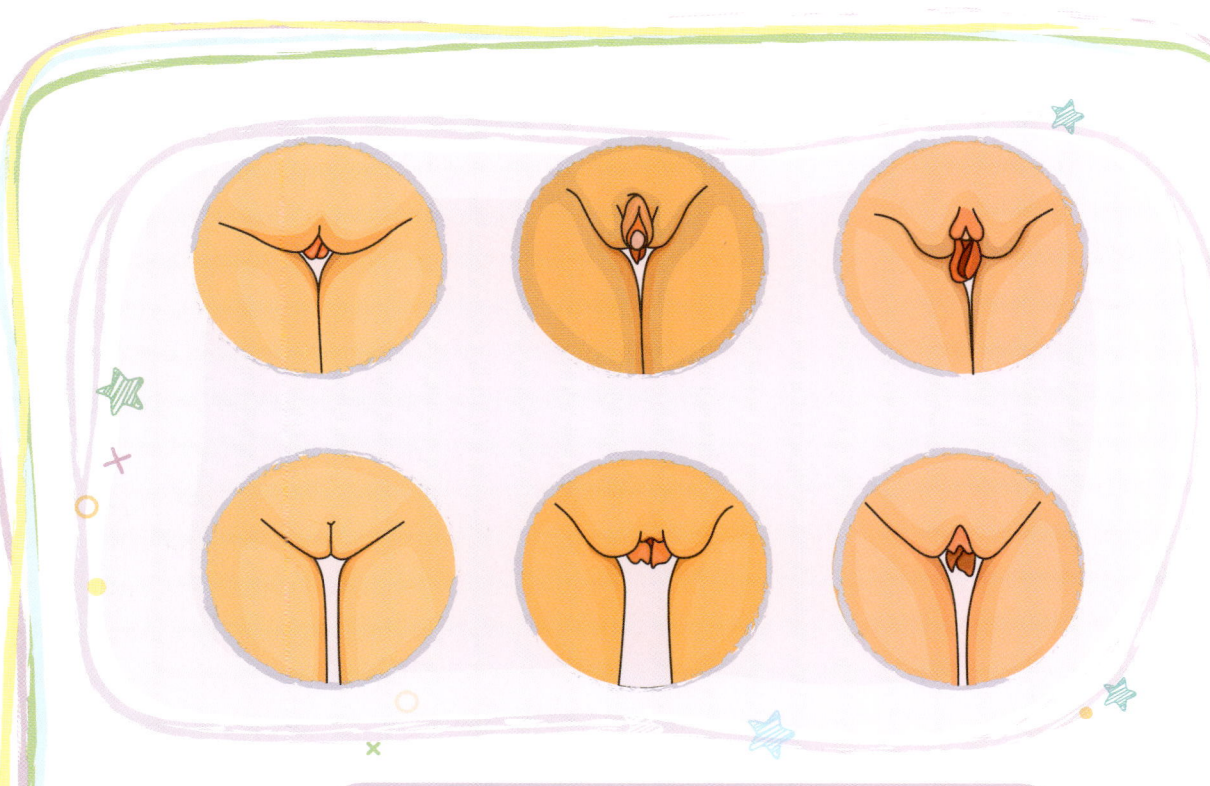

У всіх дівчат і жінок статеві губи різні на вигляд

Часто в дорослих жінок малі статеві губи більші за великі, тому в деяких країнах їх прийнято називати внутрішні та зовнішні, щоб не акцентувати увагу на розмірах. При цьому і ті, й інші є зовнішніми статевими органами.

Малі, чи внутрішні, статеві губи рожевого кольору, вкриті слизовою оболонкою і схожі на хвильки.

Великі, чи зовнішні, статеві губи тілесного кольору й вкриті звичайною шкірою.

Клітор розташований там, де змикаються малі статеві губи. Він схожий на кісточку вишеньки чи маленьку горошинку. Дотики до нього можуть бути досить приємними.

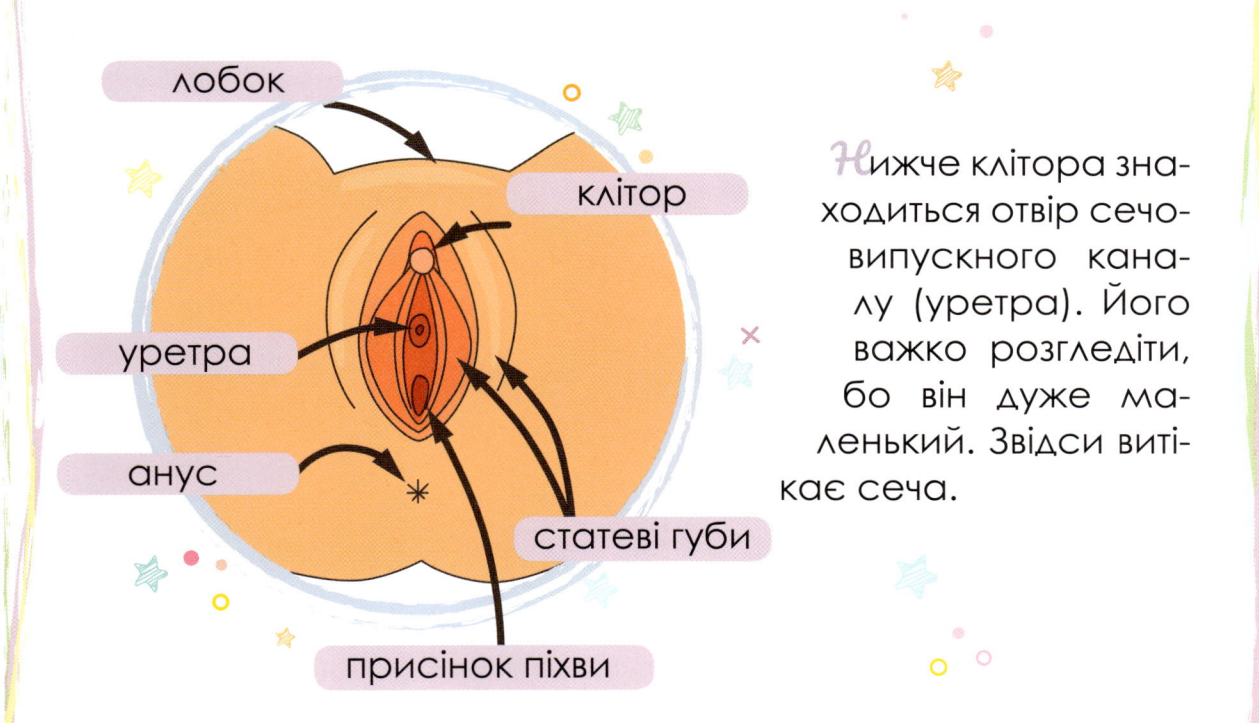

- лобок
- клітор
- уретра
- анус
- статеві губи
- присінок піхви

Нижче клітора знаходиться отвір сечовипускного каналу (уретра). Його важко розгледіти, бо він дуже маленький. Звідси витікає сеча.

Ще нижче — присінок піхви, або отвір входу у вагіну. Так, це той отвір, через який народжуються діти. А ще звідси йдуть менструальні виділення у дівчат-підлітків і жінок. Про них ми тобі теж розповімо.

Як влаштовані статеві органи хлопчика?

У хлопчиків статеві органи розташовані зовні. Їх можна легко роздивитися. Це — пеніс і мошонка.

Пеніс складається зі стовбура, головки і крайньої плоті. Якщо пеніс хлопчика обрізаний (тобто йому видалили крайню плоть — це роблять з медичних показань або з релігійних приписів), то його головка відкрита й шкірка її не закриває. У хлопчиків з необрізаним пенісом головка почне відкриватися пізніше — після 4–8 років. Відкривати її навмисно не треба, це може бути досить боляче й небезпечно.

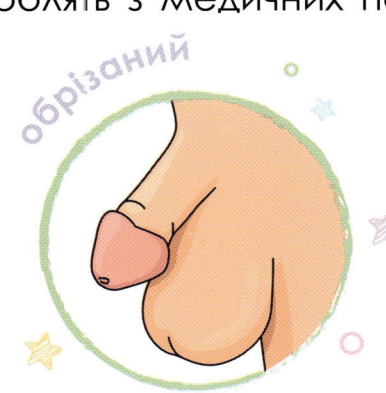

Мошонка розташована під пенісом. Усередині неї — два яєчка, або сім'яники, в яких у підлітковому віці (приблизно в 10–16 років) почнуть дозрівати сперматозоїди — статеві клітини чоловіка.

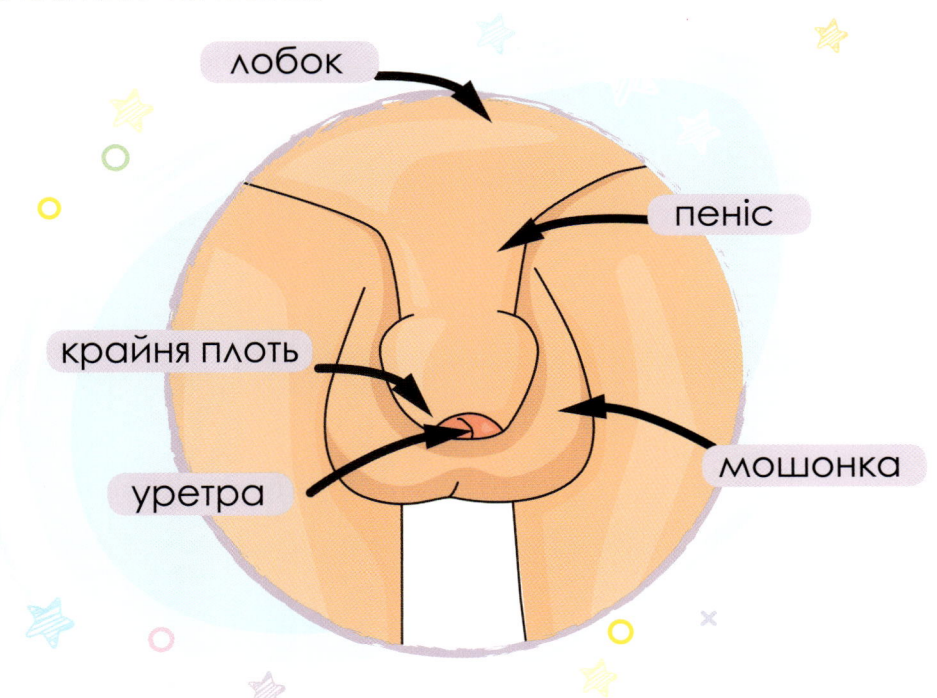

- лобок
- пеніс
- крайня плоть
- мошонка
- уретра

Пам'ятаєш, ми вже говорили, що кожна людина була колись яйцеклітиною? Так ось — усі ми були і яйцеклітиною нашої мами, і сперматозоїдом нашого тата, які з'єдналися, і завдяки цьому всі ми з'явилися на світ.

До речі, українською мовою мошонку ще називають калиткою.

Яєчка трохи різні за розміром і розташовуються одне вище, друге нижче. Природою так задумано, щоб вони не заважали одне одному при ходінні та виконанні фізичних вправ.

У всіх хлопчиків і чоловіків пеніс та мошонка різні на вигляд

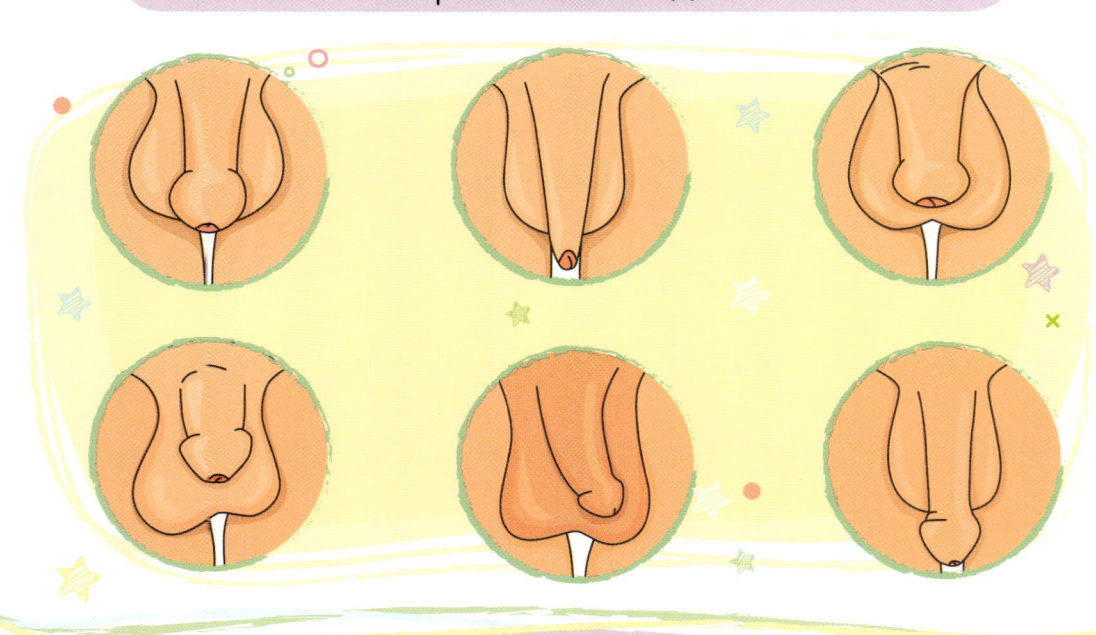

Часто хлопчики цікавляться: чому, коли вони заходять у холодну воду, їхня мошонка підтягається догори, а коли спекотно — яєчка опускаються.

Все просто — температура мошонки на один-півтора градуси нижче температури тіла. Тобто не 36,6 градусів, а приблизно 35. Тому, коли яєчкам холодно, вони підтягаються до тіла, щоб погрітися. А коли спекотно — опускаються, щоб охолодитися.

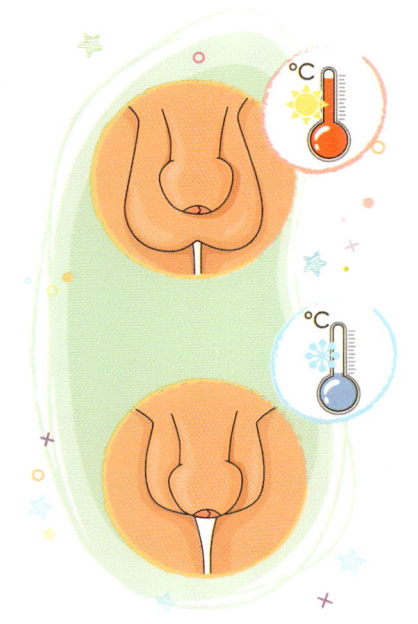

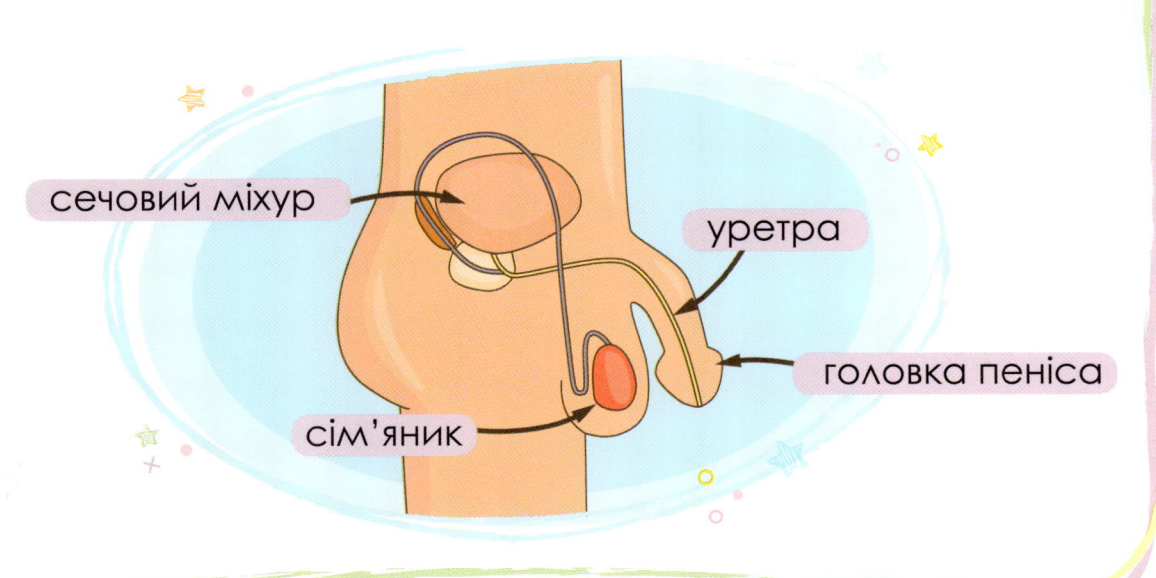

сечовий міхур

уретра

головка пеніса

сім'яник

Ерекція: чому пеніс стає твердим і великим?

Кожен хлопчик знає, що пеніс може бути то маленьким і м'яким, то збільшуватися в розмірах і твердіти. Причому це відбувається від народження, і навіть тоді, коли хлопчик ще росте у мами в матці. Боятися цього не треба — це абсолютно нормальний процес.

Він свідчить, що організм хлопчика здоровий і працює правильно. Статева система готується до дорослого життя і час від часу перевіряє, чи все гаразд з різними органами — тестує їх.

Також у хлопчиків і дорослих чоловіків є ранкова ерекція. Ти прокидаєшся зранку і бачиш, що пеніс твердий. Інколи це буває незручно, коли дивиться мама або коли треба сходити в туалет, і сеча розбризкується по стінах. Це спонтанна ерекція. Нею ні хлопчики, ні чоловіки ніяк не керують, і не можна силою думки примусити пеніс стати знову м'яким і невеликим.

У спокійному стані пеніс недостатньо омивається кров'ю, і клітини отримують невелику кількість кисню та поживних речовин. Тому кілька разів на день у кожного маленького хлопчика, юнака та дорослого чоловіка трапляються спонтанні ерекції, під час яких пеніс наповнюється кров'ю, клітини отримують кисень і поживні речовини. Це минає само собою через певний проміжок часу.

Якщо тобі незручно, що батьки дивляться на тебе в момент, коли виникає ерекція, просто скажи їм: «Мені некомфортно, коли зранку ви уважно на мене дивитеся, а в мене ерекція й потрібно в туалет. Якщо ви не звертатимете на мене увагу в ці хвилини, я буду вам дуже вдячний».

Як правильно доглядати за вульвою?

Статеві органи кожної людини дуже делікатні та ніжні. Тому доглядати за ними треба уважно й обережно.

Ці правила інтимної гігієни знадобляться тобі і в дорослому житті:

❶ **В**имий руки перед тим, як торкатися статевих органів.

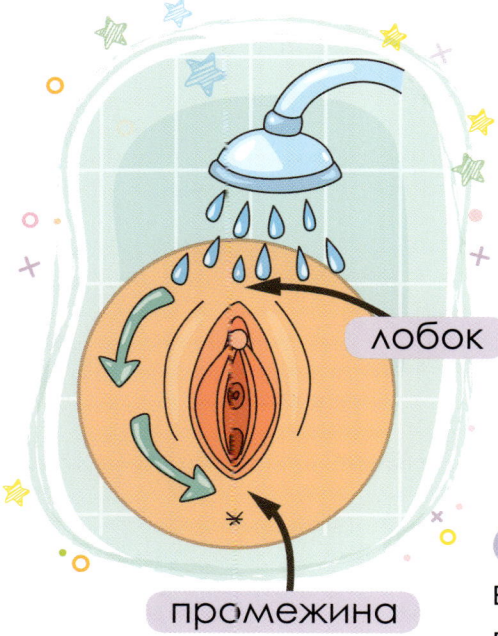

лобок

промежина

❷ **П**ідмивайся теплою проточною водою в напрямку від лобка до промежини — спереду назад.

③ **Я**кщо ти підмиваєш одразу вульву й анус (задній прохід), то роби це різними руками. Наприклад, мий вульву правою рукою, а анус — лівою. Це потрібно для того, щоб не занести виділення з ануса до піхви чи уретри. Бо може з'явитися почервоніння, біль, свербіж.

④ **Д**ля догляду за вульвою не потрібно жодних миючих засобів. Ані «м'яким милом», тобто з нейтральним рівнем pH, ані звичайним милом дівчатам і жінкам користуватися не варто. Воно може викликати подразнення.

5 Ретельно вимивай складки внутрішніх (малих) статевих губ. На них збирається біла воскоподібна речовина — смегма, що захищає наші статеві органи від пересихання і бактерій. Коли її накопичується багато, вона жовтіє, змішується з сечею і має неприємний запах.

6 Для догляду за вульвою в тебе має бути окремий рушник — м'який і приємний на дотик. Ним ніхто не може користуватися, окрім тебе.

7 Мити статеві органи потрібно раз чи двічі на день.

8 Якщо ти відчуваєш, що в зоні статевих органів щось болить, свербить, з'явився неприємний запах, є почервоніння чи якісь виділення, обов'язково скажи про це батькам. Вони допоможуть!

Як правильно доглядати за пенісом?

Ці правила інтимної гігієни знадобляться тобі і в дорослому житті:

① **В**имий руки перед тим, як торкатися статевих органів.

② **С**початку добре помий стовбур пеніса теплою проточною водою.

③ **Д**алі приділи увагу головці пеніса.

Якщо пеніс обрізаний, добре вимий область навколо головки. Саме там розташовані залози, що виробляють смегму. Смегма — це біла воскоподібна речовина, що захищає наші статеві органи від пересихання та бактерій.

Коли смегми збирається багато, вона може мати неприємний запах і викликати свербіж.

Якщо твій пеніс необрізаний, то змий залишки смегми, які зібралися у крайній плоті. Але не треба відкривати головку, відтягати чи підвертати крайню плоть.

④ Наостанок ополосни мошонку прохолоднішою водою.

⑤ Для догляду за пенісом не потрібно жодних миючих засобів. Якщо мило не викликає в тебе подразнень чи неприємних відчуттів, можеш користуватися ним час від часу. Але краще брати засоби гігієни з нейтральним рівнем pH — «м'яке мило».

6 У тебе має бути спеціальний рушник для статевих органів — м'який і приємний на дотик. Ним більше ніхто не може користуватися, окрім тебе. Для пеніса та ануса повинні бути окремі рушники.

7 Мити статеві органи потрібно раз чи двічі на день.

8 Якщо ти відчуваєш, що в зоні статевих органів щось болить, свербить, з'явився дуже неприємний запах, є почервоніння чи якісь виділення, обов'язково скажи про це батькам. Вони допоможуть!

Як правильно ходити в туалет по-великому?

Усі люди щодня (рідше — раз на два дні) ходять в туалет по-великому. Так ми позбуваємося залишків перетравленої їжі та різних некорисних речовин, що виводяться з нашого організму. І є певні правила, які всі мають знати.

① Ходити в туалет по-великому треба щодня у зручний для тебе час. Головне — не терпіти.

② Прсвильна поза для акту дефекації (так ще називають спорожнення кишечника) — щоб коліна були трохи вище за стегна. Коли ти сидиш на горщику — це правильна поза. Якщо ти вже ходиш на унітаз, то підставляй під ноги спеціальну підставку або маленький стільчик. Якщо в тебе немає підставки, попроси батьків, щоб вони її придбали.

3 **Я**кщо ноги спущені вниз, це ускладнить випорожнення. Бо при такому положенні пряма кишка зігнута і передавлена м'язами, що заважає організмові позбуватися перетравленої їжі.

4 **Н**е читай книжок в туалеті й не користуйся ґаджетами. Це заважає кишечнику добре виконувати свою роботу. Як тільки сходиш по-великому, зможеш подивитися мультики, почитати чи зайнятися іншими справами. Розкажи про це мамі й татові, щоб вони теж не брали з собою смартфони в туалет, — дбай про їхнє здоров'я.

❺ **Я**кщо хочеться в туалет по-великому, але не виходить, не треба довго сидіти на горщику чи на унітазі — просто походи по кімнаті, роби свої звичайні справи, і через 15 хвилин усе вийде! Можеш випити склянку води — це прискорить процес дефекації.

❻ **Я**кщо в тебе закреп (запор), тобто не виходить сходити в туалет по-великому і боляче при цьому, скажи батькам — вони допоможуть!

❼ **У** жодному разі не можна терпіти й стримувати позиви до випорожнення. Якщо хочеться в туалет по-великому, скажи про це дорослим або пошукай туалет. Стримування може призвести до закрепу.

❽ **П**ісля акту дефекації неодмінно треба підмитися. Як правильно це робити — читай далі.

Як доглядати за анусом?

Туалетний папір — це класно, але він не прибирає усіх залишків калу біля заднього проходу. Тому після кожного візиту до туалету по-великому треба підмиватися прохолодною водою з рідким милом. Можна використовувати гігієнічний душ чи біде, якщо вони є в тебе вдома. Або скористатися звичайним душем і добре помити область ануса.

Не три задній прохід милом, бо це може викликати подразнення. Візьми трохи рідкого мила або збий мило в піну та добре вимий усі складки ануса. Помий руки, витри анус окремим рушником, а краще — одноразовим паперовим рушником.

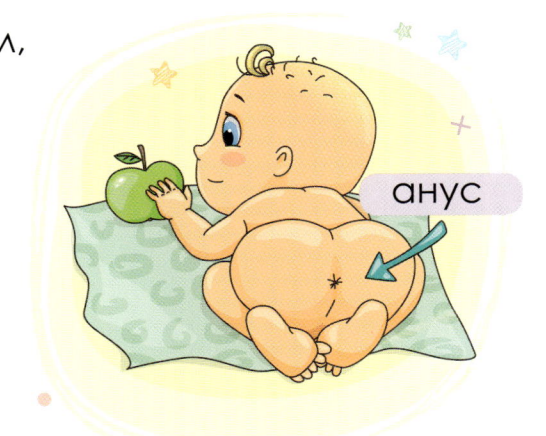

анус

гігієнічний душ

біде

Мити анус треба обережно, щоб мило й вода не потрапили на статеві органи — це може привести до їхнього забруднення й неприємних відчуттів.

Якщо в тебе немає можливості добре помити анус після відвідування туалету, можеш скористатися звичайною дитячою вологою серветкою без запаху й ароматизаторів. Добре витри задній прохід, а вдома помиєш його з милом. Волога серветка прибирає залишки калу краще, ніж звичайний туалетний папір.

Громадський туалет: правила користування

Ми всі буваємо у громадських туалетах — у торговельних центрах, кафе, парках відпочинку, на вокзалах чи в аеропортах. Не всі вони ідеально чисті. На жаль. Але пам'ятай, що прості правила гігієни вбережуть тебе від неприємностей.

Терпіти — більш шкідливо, ніж сходити в пошарпаний туалет.

① **Не** став сумку, пакет чи рюкзак на підлогу. Краще залишити свої речі батькам, друзям або повісити на гачок.

② **Не** ставай ногами на унітаз — ти можеш травмуватися, а також зіпсувати сантехніку.

3 **В**итри вологими й сухими серветками сидіння унітазу. Якщо є спеціальні накладки — постели їх. Якщо немає, а сідати неприємно — можна застелити туалетним папером.

4 **П**еред змиванням обов'язково закрий накривку унітаза, щоб мікроби не розліталися по кабінці разом із краплями води.

5 **П**ісля відвідування громадського туалету вимий руки теплою водою з милом.

6 **Н**а ручках дверей громадських туалетів мікробів найбільше, тож після виходу можна протерти руки антибактеріальною серветкою.

⑦ **Я**кщо в кабінці нема туалетного паперу, використовуй сухі серветки, які завжди носи з собою. Якщо нема води — вологі серветки.

⑧ **Н**авіть у найбруднішому громадському туалеті нам загрожують тільки кишковий грип, глисти і стрептококова інфекція. Це, звісно, неприємно, але, щоб заразитися ними, треба дуже постаратися. Тому найчастіше ми в цілковитій безпеці у громадському туалеті, якщо добре миємо після нього руки.

До речі, нависати над унітазом — дуже некорисно. Так само, як і пісяти стоячи. Коли ми не сидимо на унітазі, а стоїмо чи нависаємо, то наші м'язи напружені. Це ускладнює процес вивільнення сечі. Вона може застоюватися. Тому і дівчаткам, і хлопчикам корисніше пісяти сидячи (окрім тих випадків, коли це неможливо — при використанні пісуара чи на вулиці).

Навіщо потрібні прокладки і тампони?

Прокладки і тампони потрібні кожній дівчині й жінці раз на місяць протягом 3–7 днів, коли з піхви з'являються виділення червоного кольору, схожі на кров. Прокладка і тампон захищають білизну від забруднення. Прокладка кріпиться на трусики, а тампон вводиться у піхву і вбирає ці виділення.

Напевно, тебе цікавить, чи у всіх дівчат і жінок є ці виділення, і навіщо вони взагалі потрібні.

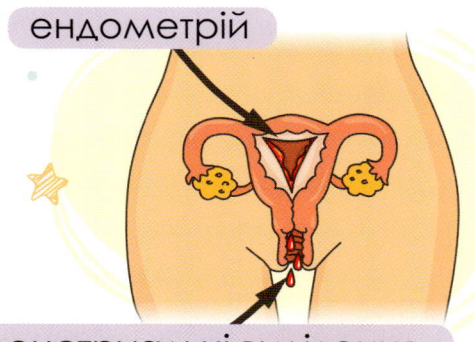

ендометрій

менструальні виділення

Коли дівчинка дорослішає, її тіло починає змінюватися, щоб мати змогу завагітніти. Щоб малюк міг рости всередині матки, її стінки готуються до вагітності. Вони покриваються спеціальним шаром, який потрібен для дитини. Він називається ендометрій. Якщо яйцеклітина і сперматозоїд не зустрілися,

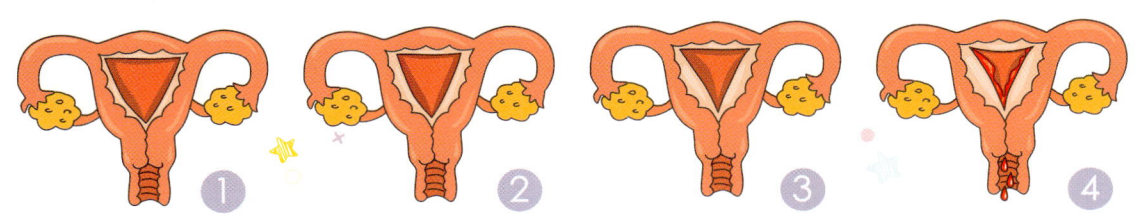

Як росте ендометрій в матці протягом місяця

і майбутньої дитини немає, ця частина матки відшаровується і виходить разом із кров'ю з піхви. Кожного місяця у матці створюється новий шар — на випадок, якщо з'явиться плідне яйце, яке пізніше перетвориться на немовля.

Такі виділення називають менструацією, або місячними, бо бувають раз на місяць. Місячні у жінок йдуть до 46–55 років. Після того, як менструації припиняються, жінка зазвичай уже не здатна завагітніти й народити дитину.

Як користуватися засобами гігієни під час менструації?

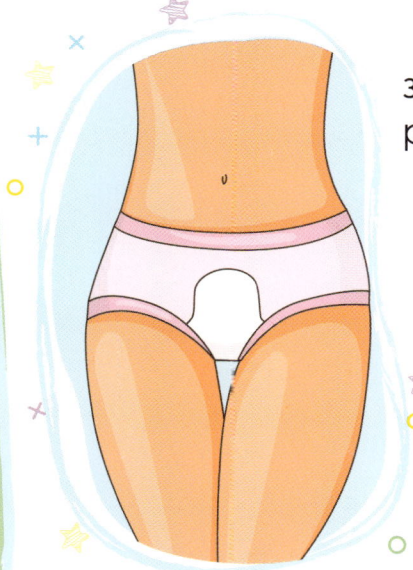

Коли починаються менструації, для захисту білизни від забруднення використовуються різні засоби гігієни. Найпопулярніші з них — це прокладки. Вони дещо схожі на великих метеликів, бо мають крильця. І всі діти знайомі з ними завдяки рекламі. По телебаченню та в інтернеті виділення показані прозорого блакитного кольору, тоді як менструальні виділення мають яскраво-червоний колір і густіші, ніж вода.

Прокладки кріпляться до трусиків клейкою поверхнею. Одноразова прокладка використовується під час місячних протягом 2–3 годин, а потім змінюється на нову. Також існують багаторазові прокладки — вони тканинні, їх перуть у машинці чи руками.

Тоненькі прокладки меншого розміру називаються «щоденними». Але це не означає, що їх можна використовувати щодня. Без потреби цього робити не варто. «Щоденні» прокладки використовуються під час тривалої подорожі, коли немає можливості змінити білизну, або напередодні початку менструації. Адже дівчина чи жінка може лише приблизно знати день, коли почнуться місячні. Також їх використовують в останні дні менструації, коли виділень уже мало.

Ти, напевне, знаєш про тампони. Тампон вводиться в піхву і вбирає менструальні виділення. Його треба змінювати кожні 2–3 години. А тампон-губку — кожні 5–8 годин. З тампонами треба бути обережними. Ними не можна користуватися постійно.

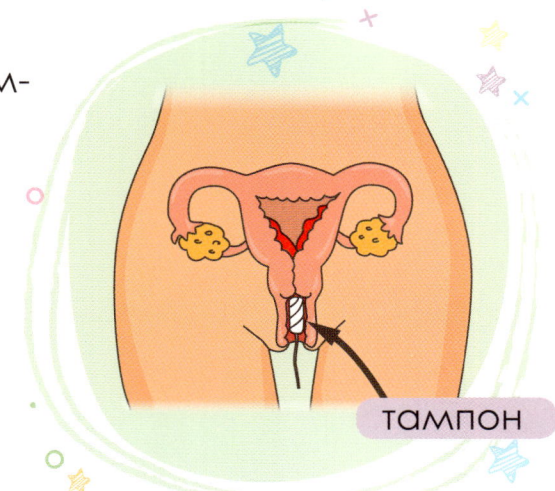

ТАМПОН

Зараз набувають популярності менструальні чаші. Вони схожі на дзвіночок, виготовлені з медичного силікону — дуже м'якого й безпечного матеріалу. Однією чашею можна користуватися до 5 років, тобто вона багаторазова. Чаша вставляється в піхву й збирає менструальні виділення. Двічі чи тричі на день дівчина дістає чашу, виливає виділення в унітаз чи раковину, миє її під проточною водою, за бажанням кип'ятить чи стерилізує і вставляє знову. З менструальною чашею можна ходити, спати, займатися спортом чи плавати в морі.

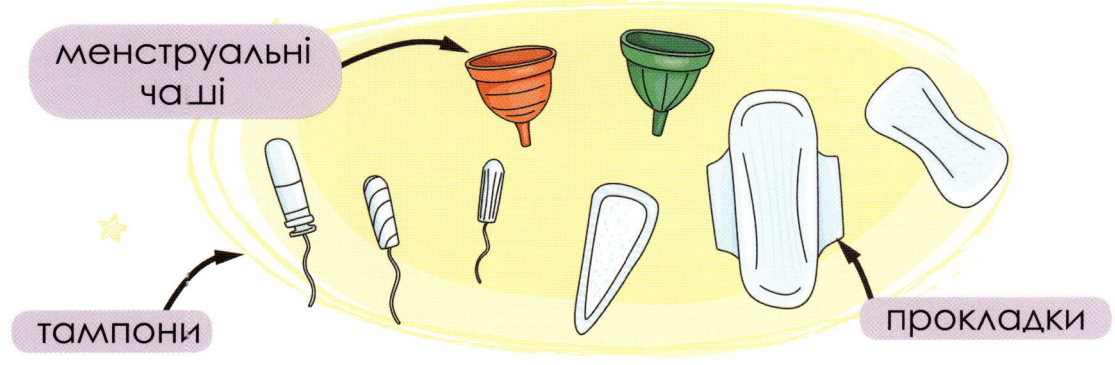

менструальні чаші

тампони

прокладки

а ще є менструальні трусики. Вони схожі на звичайну білизну, але мають спеціальний шар, який вбирає невелику кількість менструальних виділень. Трусики багаторазові, їх потрібно прати. Найкраще менструальні трусики підходять для тих, у кого виділень небагато.

Якими повинні бути трусики?

Білизну краще обирати зручну, бавовняну. Адже наші статеві органи мають «дихати». Краще, якщо трусики будуть білого чи тілесного кольору, бо фарбована тканина може викликати подразнення. Якщо ми носимо незручну, тісну синтетичну білизну, то температура на ділянці геніталій підвищується, ми починаємо пітніти. Піт подразнює шкіру, й вона свербить.

Бавовняна білизна важлива як для дівчаток, так і для хлопчиків. Пам'ятаєш, ми говорили, що температура яєчок має бути 35 градусів? Тож не сиди довго, закинувши ногу на ногу. Кожні 30 хвилин намагайся трохи пройтися, розвіятися. Для дівчат це правило так само важливе. Бо для утворення у піхві корисних бактерій, які нас захищають від хвороб і мікробів, обов'язково потрібен доступ повітря.

Чому ми прикриваємо статеві органи білизною?

У нас заведено прикривати статеві органи одягом. Ти, напевно, знаєш, що є країни, де і діти, й дорослі ходять оголеними. Але в них зазвичай дуже жарко, і ці люди живуть невеликими племенами. Ми ж носимо трусики, щоб захистити статеві органи від забруднень, подразнень, пошкоджень та з метою безпеки. А також щоб не порушувати особисті кордони інших людей. Тому що геніталії — це дуже інтимні органи, вони не для показу стороннім.

Пам'ятай: ніхто не може примусити тебе показувати свої статеві органи чи дивитися на чужі. Якщо таке відбувається, неодмінно скажи батькам, вихователці, вчительці чи іншій дорослій людині, якій довіряєш. Це важливо!

Бувають ситуації, коли батьки чи лікарі можуть оглядати твої статеві органи, але вони обов'язково спитають у тебе дозволу й пояснять, навіщо це потрібно. Можливо, з'явилося почервоніння, запалення чи свербіж. Або ж це профілактичний медичний огляд — щоб попередити можливі захворювання. Якщо в тебе ніхто не питає дозволу або не пояснює, навіщо це потрібно, — негайно проси про допомогу!

Також ніхто не має права торкатися твоїх інтимних зон, прикритих одягом, фотографувати чи знімати їх на відео — це заборонено законом! Ця людина є злочинцем.

У таких випадках треба чітко й голосно говорити: «Я не хочу, щоб ви мене торкалися!», «Мені це неприємно!», «Я неодмінно скажу про це мамі й татові!», «Припиніть негайно, я буду кричати!». Якщо ти соромишся казати таке, то попросись у туалет: «Мені потрібно попісяти», «Я дуже хочу в туалет». І одразу біжи кликати на допомогу.

У прикрі ситуації можна потрапити в інтернеті. Знайомлячись через соцмережі чи комп'ютерні ігри, ми ніколи не знаємо, хто сидить по той бік екрану.

Є безліч історій, коли хлопчики й дівчатка спілкувалися в чатах з іншими дітьми, обмінювалися фотографіями — інколи досить інтимними, а потім виявлялося, що це дорослі. І ці дядьки й тітки, отримавши відверті фотографії, починали залякувати й погрожувати. Тож таке спілкування дуже небезпечне.

Обов'язково скажи батькам, якщо хтось в інтернеті пише тобі нехороші речі. В цьому випадку варто звернутися до поліції.

Що треба знати про безпеку й кордони тіла?

Правила безпеки для дітей називають «правилами трусиків», або «правилами спідньої білизни». Вони дуже прості, але надзвичайно важливі:

① Твоє тіло належить тільки тобі, і ніхто без твого дозволу не може торкатися інтимних зон.

② Є безпечні й небезпечні дотики. Безпечні дотики — це коли людина запитує дозволу взяти тебе за руку, обійняти. Небезпечні — коли ти кажеш: «Мені не подобається, припини», — а людина продовжує.

③ Є хороші й погані таємниці. Хороші — це ті, від яких радісно, приємно, весело. Погані — ті, від яких хочеться плакати, сховатися від усього світу й нічого нікому не говорити. Але це те, про що варто якнайшвидше розповісти дорослим, яким ти довіряєш, щоб вони могли допомогти тобі впоратися з цією ситуацією.

④ **В**ідповідальність — завжди на дорослих чи на старших. Якщо сталося щось неприємне, твоєї провини в цьому нема. Ми всі припускаємося помилок, інколи чинимо неправильно. Але діти не винні, якщо дорослі їх до чогось силують, залякують чи намагаються обдурити. Говори про це з батьками або дорослими, яким довіряєш.

⑤ **П**росити про допомогу не соромно. Навіть якщо ти чуєш від батьків, що вже доросла чи дорослий, просити про допомогу в складних ситуаціях усе одно потрібно! Дорослі також потрапляють у халепи, коли не здатні впоратися зі своїми проблемами самостійно. Тоді вони просять про допомогу друзів, родичів, спеціалістів. Завжди знайдеться хтось, хто тебе підтримає.

Рука допомоги: дорослі, яким ти довіряєш

Подумай, до кого ти можеш звернутися у складних ситуаціях. Це можуть бути батьки, бабусі й дідусі, тітка, дядько, старший брат чи сестра, хрещена мама чи хрещений тато, вихователька в дитячому садочку, сусідка, друзі батьків, інші дорослі, яких ти добре знаєш і довіряєш їм.

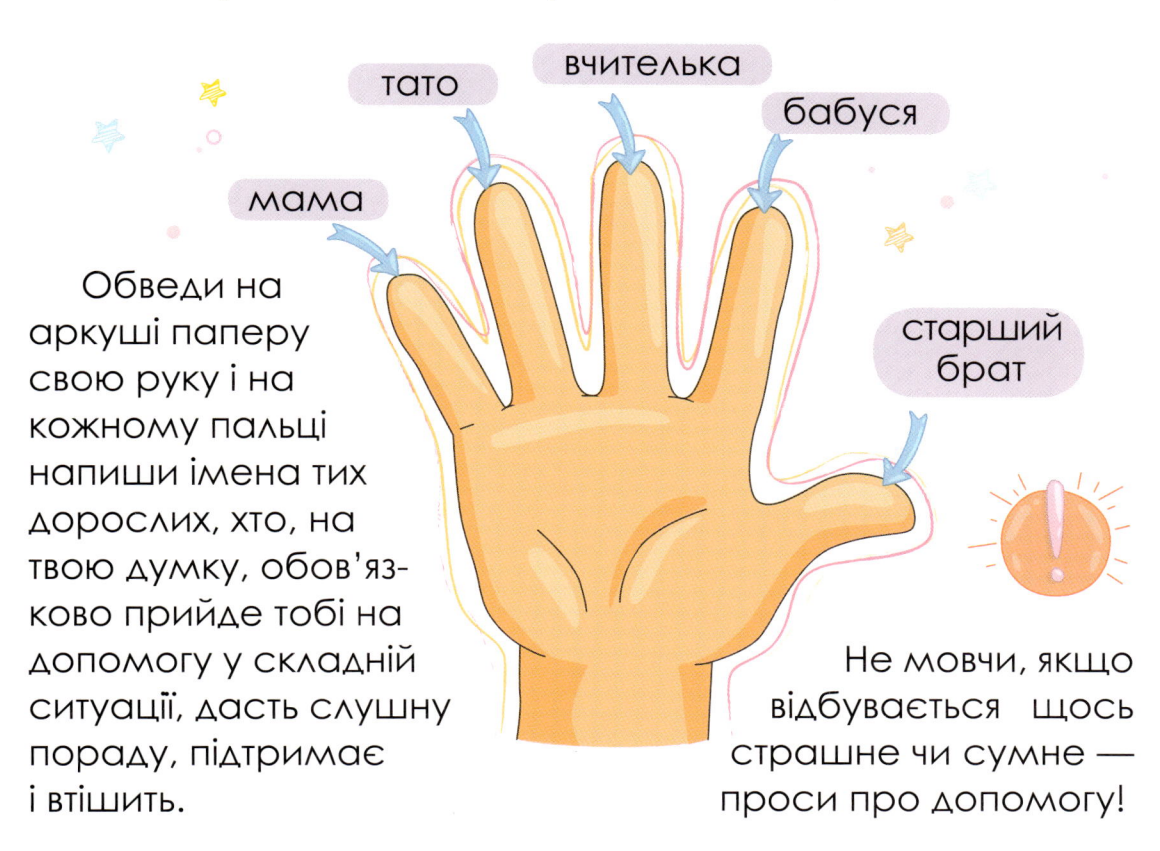

тато
вчителька
бабуся
мама
старший брат

Обведи на аркуші паперу свою руку і на кожному пальці напиши імена тих дорослих, хто, на твою думку, обов'язково прийде тобі на допомогу у складній ситуації, дасть слушну пораду, підтримає і втішить.

Не мовчи, якщо відбувається щось страшне чи сумне — проси про допомогу!

Чи шкідливо торкатися статевих органів?

Торкатися власних статевих органів — це абсолютно нормально. Ми робимо це, коли приймаємо душ чи купаємося у ванній, дотримуємося правил інтимної гігієни.

Інколи ми не помічаємо, як робимо це під час гри чи перегляду мультиків, фільмів. Це не шкідливо, не погано і не призводить до хвороб. Але навіть якщо дотики до пеніса чи вульви є дуже приємними, робити це варто тільки наодинці з собою.

Пам'ятай: торкатися статевих органів можна тільки чистими руками!

Звідки беруться діти?

Як ми вже розповідали, кожна людина колись була яйцеклітиною її мами і сперматозоїдом її тата. Яйцеклітина схожа на маленьку ікринку, а сперматозоїд — на дрібного пуголовка. Без мікроскопа побачити їх неможливо. Ці клітини з'являються в тілі тільки з підліткового віку — приблизно з 10–16 років.

сперматозоїд

яйцеклітина

Яйцеклітини дозрівають у яєчниках дівчини чи жінки, а сперматозоїди — в яєчках хлопця або чоловіка.

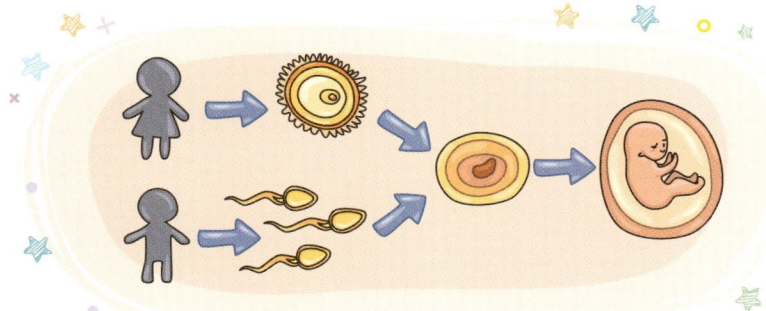

Коли ці дві клітини з'єднуються, вони починають активно ділитися, формуючи плідне яйце, яке з часом перетвориться на плід, а той, у свою чергу, після народження стане дитинкою.

запліднення яйцеклітини

Плід росте і розвивається в матці протягом 9 місяців.

Як статеві клітини тата й мами зустрілися?

Вони зустрілися під час інтимної близькості, яку називають статевим актом, або сексом. Напевно, всі бачили, як спаруються звірі, птахи, комахи, рибки чи жабки.

Звісно, в людей це відбувається трохи інакше. Тим більше, що вони займаються сексом не тільки заради розмноження (як це роблять тварини чи комахи), а й заради задоволення.

Проте секс допустимий тільки в дорослому житті й тільки за взаємною згодою. Ніхто не має права примушувати тебе займатися сексом, якщо ти цього не хочеш. Кожен може сказати «ні», якщо сумнівається чи поки не готовий до інтимних стосунків.

Що відбувається під час сексу?

Дорослі обіймаються, цілуються, роздягаються. Пеніс чоловіка збільшується в розмірах (виникає ерекція) і проникає в піхву. Через сечовипускний канал сперматозоїди потрапляють у піхву, а звідти — в матку. Якщо яйцеклітина вже дозріла, то може настати вагітність. Тобто жінка буде виношувати дитину. Якщо ж яйцеклітина ще не готова або, навпаки, вже не здатна до запліднення, то вагітність не настане.

Якщо дорослі не планують стати батьками, під час сексу вони використовують презерватив. Він захищає не тільки від небажаної вагітності, а й від деяких хвороб, що передаються через статевий акт (секс). Презерватив дуже тонкий і еластичний, зазвичай одягається на пеніс. Є також жіночі презервативи, які вставляються в піхву. Вони трохи більші за розмірами й не такі еластичні. Але також надійно захищають під час сексу.

презерватив

Як ростуть груди у дівчат та хлопців?

Чи відомо тобі, що прийде час, коли груди почнуть збільшуватися?

У дівчат це може початися в 7–15 років. А от у хлопців — у 10–12. Напевно, ти дуже здивуєшся: хіба у хлопців ростуть груди? Як таке може бути? Проте лякатися не треба.

Майже в кожного другого хлопця в 4–7 класах починають трохи набрякати соски, і це буває досить помітно під футболкою чи сорочкою. Та великі груди в юнаків не виростуть. Рік-два, і це мине. Груди зменшаться в розмірах і будуть пласкими. Проте знай, що це нормально, і спробуй заспокоїти своїх друзів, якщо це їх раптом збентежить.

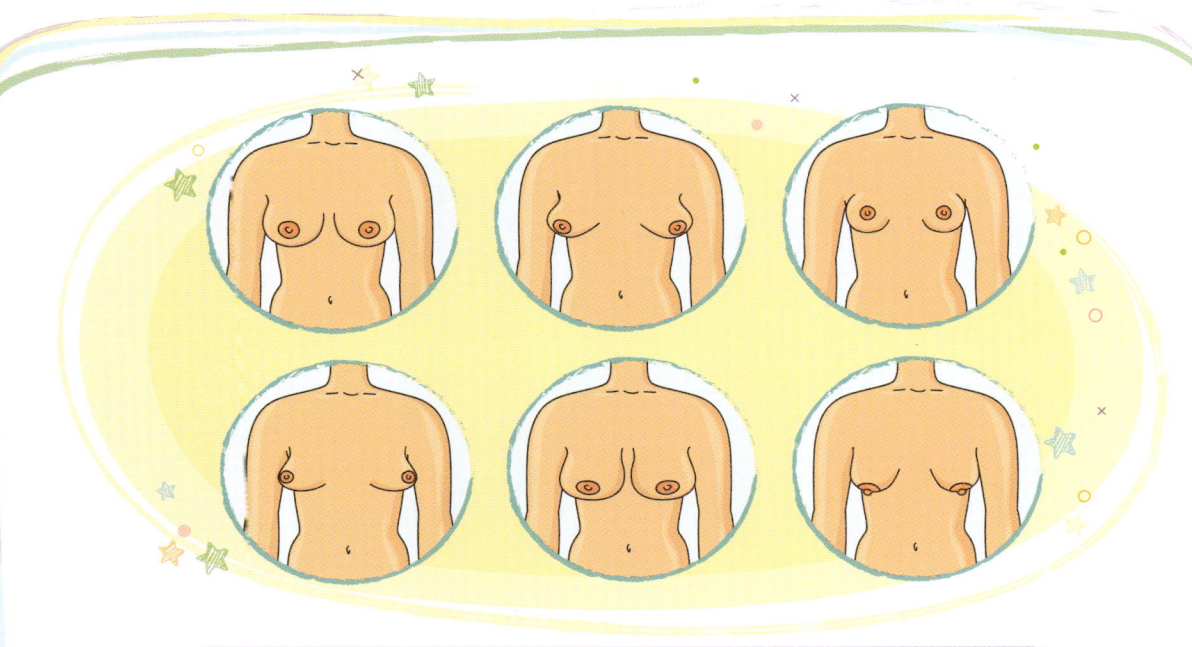

Розміри і форми грудей у жінок дуже різні

У дівчат груди будуть рости протягом п'яти років. При цьому варто знати, що вони ростуть нерівномірно — одна може бути помітно більшою за іншу. До того ж у жінок зазвичай груди асиметричні, тобто не однакові. І це абсолютно нормально!

Під час росту груди можуть трохи свербіти, боліти, інколи до них неприємно торкстися через велику чутливість. Із часом це мине.

Немає стандартів краси для грудей, статевих органів і тіла. Ми всі різні, але рівні. Ми всі гарні такими, якими нас створила природа. Хтось дуже худий, хтось низький на зріст, хтось темношкірий, а дехто з нас пересувається за допомогою інвалідного візка — і всі ми дуже класні, коли ставимося один до одного з повагою й допомагаємо долати труднощі.

УДК 087.5
Я75

Рецензент
Пеньков Андрій Юрійович — президент Східноукраїнської академії педіатрії, кандидат медичних наук, лікар-педіатр вищої категорії

Ярмоленко Юлія

Я75 Малечі про інтимні речі. — Харків : Юнісофт, 2022. — 48 с. : іл. — (Серія «*Енциклопедія для допитливих*»).
ISBN 978-966-935-839-4

Що цікавого в цій книзі?
Книжка, яку ти тримаєш в руках, розповідає про дуже важливі речі — органи, які ми прикриваємо білизною. Не тому, що вони некрасиві чи сороміцькі, а тому, що до них ми ставимося дуже шанобливо й делікатно. Їх називають статевими органами, або геніталіями. У хлопчиків це пеніс і мошонка, у дівчаток — вульва та піхва. Ці органи потребують особливого догляду, і саме про них ми й поговоримо. Сподіваємося, книжка буде корисною і цікавою. Бо вона про наше тіло, здоров'я і безпеку.

УДК 087.5

© Ярмоленко Ю. Л., текст, 2019
© Гілевич М. М., ілюстрації, 2019
© ПП «Юнісофт», матеріальні права, 2019

ISBN 978-966-935-839-4

Уся текстова інформація та графічні зображення є власністю видавця. Передрук, відтворення в будь-якій формі, поширення, зокрема в перекладі, будь-яких матеріалів із книги можливі тільки з письмового дозволу видавця та інших власників авторських прав.

Науково-популярне видання
Серія «Енциклопедія для допитливих»

Юлія Ярмоленко

МАЛЕЧІ ПРО ІНТИМНІ РЕЧІ

Для читання дорослими дітям від 4 до 10 років

Головний редактор *Л. М. Гуменна*
Редактор *К. В. Шаповалова*
Художник *М. М. Гілевич*
Додрукарська підготовка *С. В. Попової*
Макетування *Т. В. Воєнної*

Підписано до друку 24.11.2021.
Формат 70С×100 ¹/₁₂. Гарнітура Century Gothic.
Папір крейдований. Друк офсетний.
Умовн. друк. арк. 5,2
Тираж 5000 прим. Зам. № 322-11
Термін придатності необмежений

Надруковано в **UNISOFT**
вул. Морозова, 13б, м. Харків, 61036
www.unisoft.ua
Свідоцтво суб'єкта видавничої справи
ДК № 5747 від 06.11.2017

З питань придбання літератури звертайтесь у відділ реалізації видавництва «Талант» за телефонами:
(057) 714-67-62;
(067) 570-64-88;
(050) 364-72-19;
e-mail: knigitalant@ukr.net

shop.talantbooks.com.ua

289.